SATYRE

CONTRE

LES MARIS

Par le Sieur R✶✶ *T. D. F.*

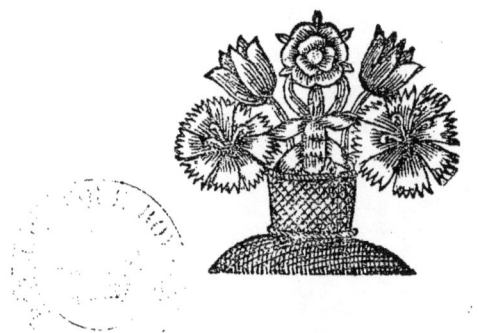

A PARIS.

―――――――――――

M. DC. XCIV.

PREFACE.

QUELQUE chose que je dise contre le Mariage, mon dessein n'est pas d'en détourner ceux qui y sont portez par une inclination naturelle ; mais seulement de faire voir, que les dégouts & les chagrins qui en sont presque inseparables, viennent pour l'ordinaire plûtost du côté des Maris que de celuy des Femmes, contre le sentiment de Monsieur Despreaux. J'espere qu'en faveur de la cause que j'entreprens, on excusera les deffauts qui se trouveront dans cette Satyre : je me flatte du moins que les Dames seront pour moy, & à l'abry d'une si illustre protection : je ne crains point les traits de la critique la plus envenimée.

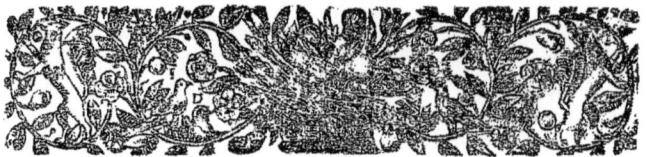

SATYRE

CONTRE LES MARIS.

NON chere *Eudoxe*, non, je ne puis plus me taire,
Je Veux te détourner d'un Hymen te-meraire,
D'autres Filles sans toy vendant leur liberté
Se chargeront du soin de la Posterité;
D'autres s'embarqueront sans crainte du naufrage,
Mais moy voyant l'écueil sans quitter le rivage;
Tu n'iras point esclave asservie à l'Amour,
Sous le joug d'un Epoux t'engager sans retour,
Ny d'un servile Vsage aprouvant l'injustice,
De tes Biens, de ton Cœur, luy faire un Sacrifice,
Abandonner ton ame à mille soins divers,
Et toy même à jamais forger tes propres Fers.
    Ne t'imagine pas que l'ardeur de medire
Arme auiourd'huy ma main des traits de la Satyre,
Ny que par un Censeur le Beau Sexe outragé
Ait besoin de mes Vers pour en estre vangé.
Ce Sexe plein d'atraits sans secours & sans armes,

A

SATYRE

Peut assez se deffendre avec ses propres charmes,
Et les traits d'un Critique affoibly par les ans,
Sont tombez de ses mains sans force & languissans.
Mon esprit autrefois enchanté de ses rimes,
Luy comptoit pour vertus ses Satyriques Crimes,
Et livroit avec joye à ses nobles fureurs
Vn tas infortuné d'insipides Autheurs ;
Mais ie n'ay pû souffrir qu'une indiscrete veine
Le forçât, vieux Athlete, à rentrer dans l'Arene,
Et que laissant en paix tant de mauvais écrits,
Nouveau Prédicateur il vint en cheveux gris,
D'un esprit peu Chrétien, blâmer de chastes flames,
Et par des vers malins nous faire horreur des Femmes.
Si l'Hymen aprés soy traîne tant de dégouts,
On n'en doit imputer la faute qu'aux Epoux ?
Les Femmes sont toûjours d'innocentes victimes,
Que des loix d'interest, que de fausses maximes,
Immolent lâchement à des Maris trompeurs ;
On ne s'informe plus ny du Sang, ny des Mœurs.

  Crispin roux, & Manceau, vient d'épouser *Iulie*,
Il est du genre Humain & l'oprobre & la lie ;
On trouveroit encore à quelque vieux pilier
Son dernier habit verd pendu chez le Fripier.
Par ses concussions fatales à la France,
Il a déja vingt fois affronté la potence ;
Mais cent Vases d'argent parent ses longs buffets,
Avec peine un Milan traverse ses guerets,
Que faut-il d'avantage ? auiourd'huy la Richesse
Ne tient-elle pas lieu de Vertu de Noblesse ?
Et pour faire un Epoux que voudroit-on de plus

Que dix terres en Beauce, avec cent mille écus.
 Regarde *Dorilas*, cet échapé d'Esope,
Qu'on ne peut discerner qu'avec un Mycroscope ;
Dont le corps de travers & l'esprit plus mal fait
D'un Thersite à nos yeux retracent le portrait ;
Que t'en semble, dis-moy ? pense-tu qu'une Fille,
Qui n'a veu cet Amant qu'à travers une grille,
Et qui depuis dix ans nourrie à Port-Royal
A passé du Parloir dans le lit Nuptial,
Puisse garder long-temps une forte tendresse
En faveur d'un Mary d'une si rare espece ;
Quand la Ville & la Cour presentent à ses Yeux
Des flots d'Adorateurs qui la meritoient mieux.
Mais je veux que du Ciel une heureuse influence,
Rassemble en ton Epoux, & Merite, & Naissance,
Infortuné Ioüeur, il perdra tous ces Biens
Qu'un Contrat malheureux confond avec les siens.
 Entrons dans ce Brelan, où s'arrête à la porte
Des laquais mal payez la maligne Cohorte,
Voy les Cornets en l'air jettez avec transport,
Qu'on veut rendre garants des caprices du sort :
Voy ces pâles Ioüeurs, qui pleins d'extravagance,
D'un destin insolent affrontent l'inconstance,
Et sur trois dez maudits, lisent l'Arrest fatal,
Qui les condamne enfin d'aller à l'Hôpital.
Penetrons plus avant ; Voy cette table ronde,
Autel que l'Avarice éleva dans le Monde,
Où tous ces Forcenés semblent avoir fait Vœu
De se sacrifier au noir Demon du Ieu.
Voy-tu sur cette carte un Contrat disparaître,

Sur cette autre, un Château prest à changer de Maître;
Quel soudain desespoir saisit ce malheureux
Que vient d'assassiner un coupe-gorge affreux?
Mais fuyons; sous ses pieds tous les Parquets gemissent
De serment tout nouveaux les plafonds retentissent.
Et par le sort cruel d'une fatale nuit,
Je vois enfin *Galet* à l'aumône reduit.
Sa femme cependant de cent frayeurs atteinte,
Boit chez elle à longs traits & le fiel & l'absynthe,
Ou trainant aprés soy d'infortunez enfans,
Va chercher un azyle auprés de ses parens.

 Harpagon est atteint de toute autre folie,
Le Ciel l'avantagea d'une femme acomplie,
Il receut pour sa dot plus d'écus à la fois
Qu'un Balancier n'en peut reformer en six mois.
Sa femme se flatoit de la douce esperance,
De voir fleurir chez elle une heureuse abondance;
Elle croyoit au moins que deux ou trois amis
Pourroient soir & matin a sa Table être admis,
Mais *Harpagon* aride, & presque Diaphane
Par les jeûnes cruels ausquels il se condamne,
Ne reçoit point d'Amis aux dépens de son Pain;
Tout se ressent chez luy des langueurs de la Faim.
Si pour fournir aux frais d'un habit necessaire
Sa Femme luy demande une somme legere;
Son Visage soudain prend une autre couleur,
Ses Valets sont en butte à sa mauvaise Humeur;
L'Avarice bientost au teint livide & blême
Sur son Coffre de fer va s'asseoir elle méme.
Pour ne le point ouvrir il abonde en raisons;

Ses

Ses Hôtes sans payer ont vuidé ses Maisons.
D'un Vent venu du Nord la maligne influence
A moissonné ses Fruits avec son Esperance,
Ou de fougueux torrents innondant ses Vallons
Ont noyé sans pitié l'honneur de ses sillons.
Ainsi touiours retif, rien ne fléchit son Ame;
Pour avoir un Habit, il faudra que sa Femme
Attende que la Mort le mettant au Cercüeil
Luy fasse enfin porter un salutaire Deüil.

   Mais pourquoy, diras-tu, cette iniuste querelle,
Alcipe n'est-il pas exempt de ces Défaux
Que tu viens de tracer dans tes piquants tableaux?
D'acord, il est bien fait, Genereux, Noble & Sage;
Mais à se ruïner son propre honneur l'engage.

  SITOST que la Victoire un Laurier à la main,
Apellera LOVIS sur les rives du Rhein;
Que des Zephirs nouveaux les fecondes haleines
Feront verdir nos Bois & refleurir nos Pleines.
Ses Mulets importuns bizarrement ornés,
Et d'un airain bruyant par tout environnés,
Sous des Tapis brodez se suivant à la file,
A pas maiestueux traverseront la Ville.
Tout le Peuple attentif au bruit de ces Mulets,
Verra passer au loin, Surtous, Fourgons, Valets,
Chevaux de main fraingants, insultant à la Terre,
Pompe digne en effet des Enfants de la Guerre!
Mais pour donner l'essor à ce Noble embarras,
Combien chez le Notaire a-t-il fait de Contrats?
Les ioyaux de sa Femme ont été mis en gage
D'un somptueux Buffet le pompeux étalage,

B

Que du débris commun il n'a pû garantir,
Rentre chez le Marchand d'où l'on la veu fortir.
Pour affembler un fond de deux mille piftolles,
Combien nouveau Protés a t-il ioüé de rôles?
Combien a t-il fait voir que le plus fier Guerrier,
Eft bien humble auiourd'huy devant un Vfurier.
Il part enfin, & méne avec luy l'abondance,
Tout le Camp fe reffent de fa noble dépence;
Des Cuifiniers fameux pour luy fournir des mets
Epuifent chaque iour les Mers, & les Forefts.
 Que fait fa Femme alors? dans le fond d'un Village
Elle va fans argent déplorer fon Véuvage
Dans fes Iardins deferts promener fa douleur,
Et des champs pareffeux exciter la lenteur.
On voit fix mois après tout ce train magnifique
Reduit à la moitié, revenir foible, Ethique;
On voit fur les chemins l'équipage en lambeaux,
Des Mulets dècharnés, des ombres de Chevaux;
Qui dans ce trifte êtat n'ofant prefque paraître,
S'en vont droit au marché chercher un nouveau maître.
 Cependant au printemps il faut recommencer,
Il faut fur nouveaux frais, emprunter, dépencer.
Mais nous verrons bientoft une lifte cruelle
Du trépas de l'Epoux aporter la nouvelle,
Et pour payer enfin de triftes Creanciers,
Il ne laiffe aprés luy qu'un tas de vains lauriers.
 Il eft d'autres Maris, volages, infidelles,
Fatiguants Damerets, Tyrans nés des rüelles
Qu'on voit malgré l'Hymen & fes facrés flambeaux,
S'enroler chaque iour fous de nouveaux drapeaux

Qui d'un cœur plein de feux à leur devoir contraires
Encensent folement des beautés étrangers;
Le soin toûjours pressant de leurs galands exploits,
En vingt lieux different les apelles à la fois.
  Agaton dans Paris court à bride abatuë;
Malheur à qui pour lors est à pied dans la ruë,
D'un & d'autre côté ses chevaux bondissants
D'un deluge de bouë inondent les passants.
Tout fuit aux environs, chacun cherche un azile,
Avec plus de vitesse il traverse la Ville,
Que ces Couriers poudreux, que l'on vit les premiers
Du Combat de Neruvinde aporter les Lauriers,
Et qui de la victoire emprunterent les aîles,
Pour en donner au Roy les premieres nouvelles.
De cét empressement le sujet inconnu
Quel est-il en effet? Hé quoy; l'ignores-tu?
Il va fade amoureux, de Theatre en Theatre.
Exposer un habit dont il est Idolatre;
Dans le même moment on le retrouve au Cours
Hors la file, au grand tros, il y fait plusieurs tours;
Tout hors d'haleine enfin il entre aux Thuilleries,
Cherchant par tout matiere à ses galanteries;
Il reçoit tous les jours mille tendres billets,
Ses bras sont jusqu'au coude entourés de Portraits,
On voit briller dans l'or, des Blondes, & des Prunes,
Qu'il porte pour garands de ses bonnes fortunes,
Aux yeux de son Epouse il en fait vanité,
Il pretend qu'en dépis des loix de l'équité
Sa Femme luy conserve une amour eternelle
Tandis qu'il aime ailleurs & court de belle en belle,

SATTRE

D'autres amours encor... mais non d'un tel discours
Il ne m'est pas permis de prolonger le cours,
Ma plume se refuse à ma timide veine,
Eut-on crû que le Tybre eut coulé dans la Seine,
Et qu'il eut corrompu les mœurs de nos François
Pour consoler le Rhein de leurs fameux exploits.

Ie voudrois bien *Eudoxe* abregeant la matiere
Calmer icy ma bile, & finir ma carriere,
Mais puis-je suprimer le Portait d'un Epoux,
Qui sans cesse agite de mouvements ialoux,
Et paré des dehors d'une tendresse vaine,
Aime, mais d'un amour qui ressemble à la haine.

Alidor vient icy s'offrir à mon pinceau;
Il est de sa moitié l'Amant, & le Boureau,
Par tout il la poursuit, sans cesse il la querelle,
Il ne peut la quitter, ny demeurer auprés d'elle,
L'Erreur au double front, le devorant ennuy
Les funestes soupçons, volent autour de luy;
Vn geste indifferent, un regard sans étude,
Va de son cœur ialoux aigrir l'inquietude.
Sans cesse il se consume en proiets superflus.
Il voit, il entend tout, il en croit encor plus;
Il est malgré ses soins & ses constantes veilles,
Aveugle avec cent yeux, sourd avec cent oreilles.
Chaque obiet de son cœur vient arracher la paix,
Marbres, Bronzes, tableaux, Portiers, Cochers, laquais
Ceux mêmes qu'aux deserts de l'ardente Guinée
Le Soleil a couvert d'une peau bazanée,
Tout luy paroist amant fatal à son honneur,
Il craint des heritiers de plus d'une couleur.

Qu'un

Qu'un folâtre Zephir avec trop de licence
Des cheveux de sa Femme ait détruit l'ordonnance;
Sa main s'arme aussitôt du fer & du poison,
D'un pretendu Rival il veut tirer raison;
Si la crainte des Loix suspend sa frenesie,
Pour l'immoler cent fois il luy laisse la vie.
Dans quelque affreux Château retraite de Hiboux
Dont quelque iour peut-être il deviendra ialoux.
Il la traine en exil comme une criminelle,
Et pour la tourmenter il s'enferme avec elle.
Dans ce sauvage lieu des vivans ignoré
D'un fossé large & creux, doublement entouré
Cette triste victime, affligée, éperdüe
Sur les funestes bords croit être descendüe,
Lorsque la Parque enfin répondant à ses vœux
Vient terminer le cours de ses iours malheureux.

 Nomme moy si tu peux quelque Mary sans vice,
Ma Muse est toute préte à luy rendre iustice
Sera-ce *Lucidas* qui met avec éclat
Sa Femme en un Convent par Arrest du Senat?
Et qui trois mois aprés devenu doux & sage
Celebre en un Parloir un second Mariage.
Sera-ce *Lysimon* qui toûjours entété
Convoque avec grand bruit toute la Faculté?
Et sur son sort douteux consultant Hipocrate,
Fait qu'aux yeux du Public son des honneur éclate.
Quel champ! si ie parlois d'un Epoux furieux
Qui profanant sans cesse un Chef d'œuvre des Dieux
Ose dans les transports de sa rage cruelle,
Porter sur son Epouse une main criminelle.

SATYRE

Mais je te veux encor ébaucher un Tableau,
Remontons fur la Scene, & tirons ce rideau.
Dieux que vois-je en dépit d'une épaiſſe fumée,
Que répand dans les airs mainte pipe enflamée,
Parmy des Flots de Vin en tous lieux répandu
J'aperçois *Traſimon* fur le ventre étendu
Qui tout pâle & défait, rejette fous la Table
Les rebuts odieux d'un Repas qui l'acable;
Il fait pour fe lever des efforts violents
La Terre fe dérobe à fes pas chancelants.
De mortelles vapeurs ſa tête encore pleine
Sous de honteux débris de nouveau le rentraine,
Il retombe, & bientôt l'Aurore en ce reduit
Viendra nous découvrir les excés de la nuit,
Bientôt avec le iour nous allons voir paraître
Quatre infolents laquais auſſi foûs que leur Maître,
Qui charmés dans leur cœur de ce honteux fracas
Prés de fa Femme, au lit le portent fous les bras.
Quel charme, quel plaiſir pour cette trifte Femme
De fe voir le Témoin de ce ſpectacle infame,
De fentir des vapeurs de Vin & de Tabac,
Qu'exhale à fes côtés un perfide eftomach.
Tu fremis? toutefois dans le ſiécle où nous fommes
Chere *Eudoxe* voila comme font faits les Hommes.

  Quel merite aprés tout, quels titres ſouverains
Rendent donc les Maris & ſi fiers & ſi vains,
Ofent-ils fe flater qu'un Contrat authentiqne
Leur donne fur les cœurs un pouvoir tyranique?
Penfent-ils que brutaux, peu complaifans, fâcheux,
Avares, negligés, débauchés, ombrageux,

Parez du nom d'Epoux ils feront seûrs de plaire
Au mépris d'un Amant, soûmis, tendre, sincere,
Complaisant, liberal, qui se fait nuit & iour
Vn soin toûiours nouveau de prouver son Amour,
Non, non, c'est se flater d'une erreur condamnable
Et pour se faire aimer, il faut se rendre aimable.
 Aprés tous ces Portrais bien ou mal ébauchés
Et tant d'autres encor que ie n'ay pas touchez
Iras-tu me traittant d'ennuyeux Pedagogue
Des Martyres d'Hymen grossir le Catalogue.
Non, dans un plein repos arrête ton destin,
C'est le premier des biens de vivre sans chagrin.
Si dans des Vers piquants Juvenal en furie
A fait passer pour foû celuy qui se Marie,
D'un esprit plus sensé concluons auiourd'huy
Que celle qui l'épouse est plus folle que luy.

F I N.

SATYRE
CONTRE LES MARIS.

NON chère *Eudoxe*, non ; ie ne puis plus me taire,
Je Veux te détourner d'un Hymen téméraire;
D'autres Filles sans toy vendant leur liberté,
Se chargeront du soin de la Postérité;
D'autres s'embarqueront sans crainte du naufrage;
Mais toy, voyant l'écueil, sans quitter le rivage,
Tu n'iras point, esclave asservie à l'Amour,
Sous le ioug d'un Epoux t'engager sans retour;
Ny d'un servile Vsage aprouvant l'iniustice,
De tes Biens, de ton Cœur, luy faire un Sacrifice,
Abandonner ton ame à mille soins divers,
Et toy même à iamais forger tes propres Fers.

A

SATYRE

Ne t'imagine pas que l'ardeur de médire
Arme auiourd'huy ma main des traits de la Satyre,
Ny que par un Censeur le Beau-Sexe outragé
Ait besoin de mes Vers pour en estre vangé:
Ce Sèxe plein d'atraits sans secours & sans armes,
Peut asés se déffendre avec ses propres charmes,
Et les traits d'un Critique affoibly par les ans,
Sont tombés de ses mains sans force & languissans.
Mon esprit autrefois enchanté de ses rimes,
Luy comptoit pour vertus ses Satyriques Crimes,
Et livroit avec ioye à ses nobles fureurs
Vn tas infortuné d'insipides Autheurs;
Mais ie n'ay pû souffrir qu'une indiscrète veine
Le forçât, vieux Athlète, à rentrer dans l'Arène,
Et que laissant en paix tant de mauvais écrits,
Nouveau Prédicateur il vint en cheveux gris,
D'un esprit peu Chrétien, blâmer de chastes flames,
Et par des vers malins nous faire horreur des Fémes.
Si l'Hymen aprés soy traîne tant de dégouts,
On n'en doit imputer la faute qu'aux Epoux.
Les Femmes sont toûjours d'innocentes victimes,
Que des loix d'intérest, que de fausses maximes,

CONTRE L...

Immolent lâchement à des Maris trompeurs.
On ne s'informe plus ny du Sang, ny des Mœurs.
 Crispin roux, & Manceau, vient dépouser Julie,
Il est du genre-Humain & l'Oprobre & la lie;
On trouveroit encore à quelque vieux Pilier
Son dernier habit verd pendu chez le Fripier.
Par ses concussions fatales à la France,
Il a déia vingt fois affronté la Potence;
Mais cent Vases d'argent parent ses longs Buffets;
Avec peine un Milan traverse ses guérèts.
Que faut-il d'avantage? auiourd'huy la Richesse
Ne tient-elle pas lieu de Vertu, de Noblesse;
Et pour faire un Epoux que voudroit-on de plus
Que dix terres en Beauce, avec cent mille écus.
 Regarde Dorilas, cét échapé d'Esope,
Qu'on ne peut discerner qu'avec un Mycroscope;
Dont le corps de travers & l'esprit plus mal fait
D'un Thersite à nos yeux retracent le portrait;
Que t'en semble, dis-moy? pense-tu qu'une Fille,
Qui n'a veu cét Amant qu'à travers une grille,
Et qui depuis dix ans nourrie à Port-Royal
A passé du Parloir dans le lit Nuptial,

Puisse garder long-temps une forte tendrèsse
En faveur d'un Mary d'une si rare espèce;
Quand la Ville & la Cour présentent à ses Yeux
Des flots d'Adorateurs qui la meritoient mieux.
  Mais ie veux que du Ciel une heureuse influence,
Rassemble en ton Epoux, & Merite, & Naissance,
Infortuné Ioüeur, il perdra tous tes Biens,
Qu'un Contrat malheureux confond avec les siens.
  Entrons dans ce Brelan, où s'arrête à la porte
De laquais mal payés la maligne Cohorte;
Voy les Cornèts en l'air iettés avec transport,
Qu'on veut rendre garants des caprices du sort:
Voy ces pâles ioüeurs, qui pleins d'extravagance,
D'un Destin insolent affrontent l'inconstance,
Et sur trois Dez maudits, lisent l'Arrest fatal
Qui les condamne enfin d'aller à l'Hôpital.
Pénétrons plus avant. Voy cette table ronde,
Autel que l'Avarice éleva dans le Monde,
Où tous ces Forcenés semblent avoir fait Vœu
De se sacrifier au noir Demon du Ieu.
Voy-tu sur cette carte un Contrat disparaître,
Sur cette autre, un Château prest à changer de
  Maître;

Quel soudain desespoir saisit ce malheureux
Que vient d'assassiner un coupe-gorge affreux!
Mais fuyós; sous ses pieds tous les Parquets gémissét,
De fermés tout nouveaux les plafonds retentissent,
Et par le sort cruel d'une fatale nuit,
Ie vois enfin *Galet* à l'aumône reduit.
Sa femme cependant de cent frayeurs atteinte,
Boit chez elle à longs traits & le fiel & l'absynthe,
Ou trainant aprés soy d'infortunez enfans,
Va chercher un azyle auprès de ses parens.

Harpagon est atteint de toute autre folie,
Le Ciel l'avantagea d'une femme acomplie,
Il receut pour sa dot plus d'écus à la fois
Qu'un Balancier n'en peut reformer en six mois.
Sa femme se flatoit de la douce espérance,
De voir fleurir chez elle une heureuse abondance;
Elle croyoit au moins que deux ou trois amis
Pourroient soir & matin à sa Table être admis:
Mais *Harpagon* aride, & presque Diaphane
Par les icûnes cruels ausquels il se condamne,
Ne reçoit point d'Amis aux dépens de son Pain;
Tout se ressent chez luy des langueurs de la Faim,

Si pour fournir aux frais d'un habit néceſſaire
Sa Femme luy demande une ſomme legère;
Son Viſage ſoudain prend une autre couleur,
Ses Valets ſont en butte à ſa mauvaiſe Humeur;
'Avarice bientoſt, au teint livide & blême,
Sur ſon Coffre de fer va s'aſſeoir elle-méme.
Pour ne le point ouvrir il abonde en raiſons;
Ses Hôtes ſans payer ont vuidé ſes Maiſons,
D'un Vent venu du Nord la maligne influence
A moiſſonné ſes Fruits avec ſon Eſpérance,
Ou de fougueux torrens inondant ſes Vallons
Ont noÿé ſans pitié l'honneur de ſes ſillons.
Ainſi toûjours retif, rien ne fléchit ſon Ame;
Pour avoir un Habit, il faudra que ſa Femme
Attende que la Mort le mettant au Cercüeil
Luÿ faſſe enfin porter un ſalutaire Deüil.

Mais pourquoi, diras-tu, cette injuſte querelle,
Les Epoux ſont-ils faits ſur le méme Modelle?
Alcipe n'eſt-il pas exempt de ces Défaux
Que tu viens de tracer dans tes piquants tableaux?
D'acord, il eſt bien fait, Généreux, Noble & Sage,
Mais à ſe ruïner ſon propre honneur l'engage.

Sitoſt que la Victoire un Laurier à la main,
Apellera LOVIS ſur les rives du Rhein;
Que des Zéphirs nouveaux les fécondes haleines
Feront verdir nos Bois & réfleurir nos Pleines.
Ses Mulèts importuns bizarrement ornés,
Et d'un airain bruyant par tout environnés,
Sous des Tapis brodés ſe ſuivant à la file,
A pas maieſtueux traverſeront la Ville.
Tout le Peuple attentif au bruit de ces Mulèts,
Verra paſſer au loin, Surtous, Fourgons, Valèts,
Chevaux de main fringants, inſultant à la Tèrre,
Pompe digne en effet des Enfants de la Guèrre:
Mais pour donner l'eſſor à ce Noble embarras,
Combien chez le Notaire a-t-il fait de Contrats?
Les ioyaux de ſa Femme ont été mis en gage,
D'un ſomptueux Buffet le pompeux étalage,
Que du débris commun il n'a pû garantir,
Rentre chez le Marchand d'où l'on l'a veu ſortir.
Pour aſſembler un fond de deux mille piſtolles,
Combien, nouveau Protée, a-t-il ioüé de rôles?
Combien a-t-il fait voir que le plus fier Guerrier,
Eſt bien humble auiourd'huy devant un Vſurier.

SATYRE

Il part enfin, & méne avec luy l'abondance,
Tout le Camp se ressent de sa noble dépense ;
Des Cuisiniers fameux pour luy fournir des mèts
Epuisent chaque iour les Mers, & les Forests.
 Que fait sa Femme alors? dans le fond d'un Village
Elle va sans argent déplorer son Véuvage,
Dans ses Iardins deserts promener sa douleur,
Et des champs paresseux exciter la lenteur.
On voit six mois aprés tout ce train magnifique
Reduit à la moitié, revenir foible, Ethique;
On voit sur les chemins l'équipage en lambeaux,
Des Mulets décharnés, des ombres de Chevaux;
Qui dans ce triste êtat n'osant presque paraître,
S'é vôt droit au marché chercher un nouveau maîtr
 Cependant au printemps il faut recommencer,
Il faut sur nouveaux frais, emprunter, dépenser.
Mais nous verrons bientost une liste cruelle
Du trépas de l'Epoux aporter la nouvelle,
Et pour payer enfin de tristes Créanciers,
Il ne laisse aprés luy qu'un tas de vains lauriers.
 Il est d'autres Maris, volages, infidelles,
Fatiguants Damerets, Tyrans nés des ruelles

Qu'on

Qu'on voit malgré l'Hymen & ses sacrés flābeux,
S'enrôler chaque iour sous de nouveaux drapeaux
Qui d'ũ cœur plein de feux à leur devoir cõtraires
Encensent folement des beautés étrangères;
Le soin toûiours pressant de leurs galands exploits,
En vingt lieux differents les apelle à la fois.

Agathon dans Paris court à bride abatuē;
Malheur à qui pour lors est à pied dans la ruē,
D'un & d'autre côté ses chevaux bondissants
D'un deluge de bouē inondent les passants.
Tout fuit aux environs, chacun cherche un azile,
Avec plus de vitesse il traverse la Ville,
Que ces Couriers poudreux que l'õ vit les premiers
Du Combat de Nerŭvinde aporter les Lauriers,
Et qui de la victoire emprunterent les aîles,
Pour en donner au Roy les premieres nouvelles.
De cét empressement le suiet inconnu
Quel est-il en effet? Hé quoy; l'ignores-tu?
Il va, fade amoureux, de Théatre en Théatre,
Exposer un habit dont il est Idolâtre;
Dans le même moment on le retrouve au Cours
Hors la file, au grand trot, il y fait plusieurs tours;

Tout hors d'haleine enfin il entre aux Thuilleries,
Cherchant par tout matiere à ses galanteries ;
Il reçoit tous les iours mille tendres billets,
Ses bras sont iusqu'au coude entourés de Portraits,
On voit briller dans l'or, des Blondes, & des Brunes,
Qu'il porte pour garands de ses bonnes fortunes,
Aux yeux de son Epouse il en fait vanité,
Il prétend qu'en dépit des loix de l'équité
Sa Femme luy conserve une amour eternelle
Tandis qu'il aime ailleurs & court de belle en belle.
D'autres amours encor… mais nô, d'un tel discours
Il ne m'est pas permis de prolonger le cours,
Ma plume se refuse à ma timide veine,
Eût-on crû que le Tybre eût coulé dans la Seine,
Et qu'il eût corrompu les mœurs de nos François
Pour consoler le Rhein de leurs fameux exploits?

  Ie voudrois bien *Eudoxe* abregeant la matière
Calmer icy ma bile, & finir ma carrière :
Mais puis-ie suprimer le Portrait d'un Epoux,
Qui sans cesse agité de mouvements ialoux,
Et paré des dehors d'une tendresse vaine,
Aime, mais d'un amour qui ressemble à la haïne.

Alidor vient icy s'offrir à mon pinceau;
Il est de sa moitié l'Amant, & le Boureau,
Par tout il la poursuit, sans cesse il la querelle,
Il ne peut la quitter, ny demeurer prés d'elle.
L'Erreur au double front, le devorant ennuy
Les funestes soupçons, volent autour de luy;
Vn geste indifferent, un regard sans étude,
Va de son cœur ialoux aigrir l'inquiétude.
Sans cesse il se consume en proiets superflus,
Il voit, il entend tout, il en croit encor plus;
Il est malgré ses soins & ses constantes veilles,
Aveugle avec cent yeux, sourd avec cent oreilles.
Chaque obiet de son cœur vient arracher la paix,
Marbres, Brózes, tableaux, Portiers, Cochers, laquais
Ceux mêmes qu'aux deserts de l'ardente Guinée
Le Soleil a couvert d'une peau bazanée,
Tout luy paroist amant fatal à son honneur,
Il craint des heritiers de plus d'une couleur.
Qu'un folâtre Zéphir avec trop de licence
Des cheveux de sa Femme ait détruit l'ordónance;
Sa main s'arme aussitôt du fer & du poison,
D'un prétendu Rival il veut tirer raison;

Si la crainte des Loix suspend sa frenesie,
Pour l'immoler cent fois il luy laisse la vie,
Dãs quelque afreux Château retraite de Hiboux,
Dont quelque iour peut-être il deviendra ialoux,
Il la traine en exil comme une criminelle,
Et pour la tourmenter il s'enferme avec elle.
Dans ce sauvage lieu des vivans ignoré
D'un fossé large & creux, doublement entouré,
Cette triste victime, affligée, éperdue
Sur les funestes bords croit être descendue,
Lorsque la Parque enfin répondant à ses vœux
Vient terminer le cours de ses iours malheureux.

 Nomme moy si tu peux quelque Mary sans vice,
Ma Muse est toute prête à luy rendre iustice.
Sera-ce *Licidas* qui met avec éclat
Sa Femme en un Convent par Arrest du Senat,
Et qui trois mois après devenu doux & sage
Celèbre en un Parloir un second Mariage.
Sera-ce *Lysimon* qui toûiours entêté
Convoque avec grand bruit toute la Faculté?
Et sur son sort douteux consultant Hipocrate,
Fait qu'aux yeux du Public son deshóneur éclate.

Quel

Quel champ! si ie parlois d'un Epoux furieux
Qui profanât sãs cesse un Chef d'œuvre des Dieux
Ose dans les transports de sa rage cruelle,
Porter sur son Epouse une main criminelle.

 Mais ie te veux encor ébaucher un Tableau,
Remontons sur la Scène, ouvre moy ce rideau.
Dieux! que vois-ie en dépit d'une épaisse fumée,
Que répand dans les airs mainte pipe enflamée,
Parmy des flots de Vin en tous lieux répandu
I'aperçois *Trasimon* sur le ventre étendu,
Qui tout pâle & défait, reiette sous la Table
Les rebuts odieux d'un Repas qui l'acable ;
Il fait pour se lever des efforts violents,
La Terre se derobe à ses pas chancelants.
De mortelles vapeurs sa tête encore pleine
Sous de honteux debris de nouveau le rentraine,
Il retombe, & bientôt l'Aurore en ce reduit
Viendra nous découvrir les excés de la nuit,
Bientôt avec le iour nous allons voir paraître
Quatre insolents laquais aussi soûs que leur Maître,
Qui charmés dans leur cœur de ce honteux fracas
Prés de sa Femme, au lit le portent sous les bras.

           D

Quel charme, quel plaisir pour cette triste Femme
De se voir le témoin de ce spectacle infame,
De sentir des vapeurs de Vin & de Tabac,
Qu'exhale à ses côtés un perfide estomach.
Tu fremis ? toutefois dans le siécle où nous sômes
Chere *Eudoxe* voila comme sont faits les hommes.

  Quel merite aprés tout, quels titres souverains
Rendent donc les Maris & si fiers & si vains,
Osent-ils se flater qu'un Contrat authentique
Leur donne sur les cœurs un pouvoir tyranique;
Pésent-ils que brutaux, peu complaisants, fâcheux,
Avares, negligés, débauchés, ombrageux,
Parez du nom d'Epoux ils seront seûrs de plaire
Au mépris d'un Amant, soûmis, tendre, sincère
Complaisant, liberal, qui se fait nuit & iour
Vn soin toûiours nouveau de prouver son Amour;
Non, non, c'est se flater d'une erreur condamnable
Et pour se faire aimer, il faut se rendre aimable.

  Aprés tous ces Portraits bien ou mal ébauchés
Et tant d'autres encor que ie n'ay pas touchez,
Iras-tu me traittant d'ennuyeux Pédagogue
Des Martyres d'Hymen grossir le Catalogue?

CONTRE LES MARIS. 15

Non, dans un plein repos arrête ton destin,
C'est le premier des biens de vivre sans chagrin;
Si dans des Vers piquants Juvenal en furie
A fait passer pour foû celuy qui se Marie,
D'un esprit plus sensé concluons auiourd'huy
Que celle qui l'épouse est plus folle que luy.

F I N.

l'abbé d'Hébrail, auteur de la France littéraire, m'a donné 19 7bre 1773.